Y cloc

The parts of a clock

Mae yna 12 rhif ar y cloc, o 1 i 12. Mae'r rhifau hyn yn dangos i ni pa awr o'r dydd ydy hi. Munudau ydy'r marciau bach rhwng yr oriau. Mae yna 60 munud mewn awr.

There are 12 numbers on a clock, from 1 to 12. These numbers show us what hour of the day it is. The little marks between the numbers are the minutes. There are 60 minutes on a clock.

Mae'r bys bach coch yn dweud yr awr.

This short red hand points to the hour.

Mae'r bys mawr gwyrdd yn dweud y munudau.

This long green hand points to the minutes.

Mae bysedd y cloc yn symud y ffordd yma.

The hands move round the clock this way.

Mae pob un o'r marciau bach hyn yn un funud.

Each of these little marks is one minute.

Allwch chi ysgrifennu'r oriau ar y cloc?
Beth am ddechrau gydag un deg dau o'r gloch?

Now you can write the hours of the day on the clock, starting at 12 o'clock!

Dysgu dweud yr amser!

Let's learn the time!

Pan mae'r bys mawr yn pwyntio at un deg dau a'r bys bach yn pwyntio at rif arall, mae hi'n 'rhywbeth o'r gloch'. Mae'r bys bach yn dangos faint o'r gloch ydy hi.

When the long hand points to the 12 and the short hand points to another number, it is 'something o'clock'. The short hand shows us what o'clock it is.

Yr amser ar y cloc yma ydy 9 o'r gloch.

The time on this clock below is 9 o'clock.

Mae'r bys bach coch yn pwyntio at rif 9.

The short red hand is pointing to number 9.

Mae'r bys mawr gwyrdd yn pwyntio at rif 12.

The long green hand is pointing to number 12.

Ysgrifennwch yr amser o dan y clociau yma.

Now you can write the time underneath these clocks.

..... o'r gloch (o'clock)

..... o'r gloch (o'clock)

..... o'r gloch (o'clock)

Faint o'r gloch ydy hi?

What time is it?

Ewch ati i chwilio am y sticeri cywir i'r clociau yma.
Yna ysgrifennwch yr amser o dan bob cloc.

Can you find the missing stickers for all of these clocks? Now you can write the time underneath each clock.

..... o'r gloch (o'clock)

..... o'r gloch (o'clock)

..... o'r gloch (o'clock)

..... o'r gloch (o'clock)

..... o'r gloch (o'clock)

..... o'r gloch (o'clock)

..... o'r gloch (o'clock)

..... o'r gloch (o'clock)

Rhowch y bysedd ar y clociau yma i ddangos yr amser cywir.

Draw the hands on the clocks below to tell us the time.

3 o'r gloch (o'clock)

5 o'r gloch (o'clock)

9 o'r gloch (o'clock)

12 o'r gloch (o'clock)

Ar ôl gorffen rhowch seren aur yma!

When you've finished give yourself a gold star!

Mae'n hanner awr wedi ...!

It's half past!

Mae'r bys mawr yn symud o gwmpas y cloc. Pan mae'r bys mawr yn cyrraedd 6 mae'r bys mawr hanner ffordd o gwmpas y cloc. Felly pan mae'r bys mawr ar 6 mae'n 'hanner awr wedi' yr awr.

The long hand moves all the way round the clock and when it reaches the 6 it is halfway round. So when the long hand is on the 6 it is 'half past' an hour.

Yr amser ar y cloc ydy hanner awr wedi 9.

The time on this clock is half past 9.

Mae'n hanner awr wedi pan mae'r bys mawr ar 6 a'r bys bach rhwng dau rif arall.

Yma, mae'r bys bach rhwng 9 a 10.

It is half past when the long hand is pointing to 6 and the short hand is halfway between two other numbers.

Here the short hand is halfway between the 9 and the 10.

Mae'r ddau fys yn symud o gwmpas y cloc y ffordd yma. Mae'r bysedd yn symud 'gyda'r cloc' sef symudiad 'clocwedd'.

Both hands always move this way round the clock. This is called 'clockwise'.

Pan mae'r bys mawr ar 6 mae hi'n hanner awr wedi'r awr.

Whenever the long hand is pointing to 6 it is half past an hour.

Rhowch yr amser o dan y clociau yma.

Now you can write the time underneath these clocks.

hanner awr wedi .....
(half past)

hanner awr wedi .....
(half past)

hanner awr wedi .....
(half past)

Faint o'r gloch ydy hi?

What time is it?

Ewch ati i chwilio am y sticeri cywir i'r clociau yma.
Yna ysgrifennwch yr amser o dan bob cloc.

Can you find all the missing stickers for these clocks? Now you can write the time underneath each clock.

hanner awr wedi ..... (half past)

hanner awr wedi ..... (half past)

hanner awr wedi ..... (half past)

hanner awr wedi ..... (half past)

hanner awr wedi ..... (half past)

hanner awr wedi ..... (half past)

hanner awr wedi ..... (half past)

hanner awr wedi ..... (half past)

Rhowch y bysedd ar y clociau yma i ddangos yr amser cywir.

Draw the hands on the clocks below to tell us the time.

hanner awr wedi 3
half past 3

hanner awr wedi 6
half past 6

hanner awr wedi 9
half past 9

hanner awr wedi 12
half past 12

Ar ôl gorffen rhowch seren aur yma!

When you've finished give yourself a gold star!

Mae'n chwarter wedi ...!

It's quarter past!

Mae'r bys mawr yn symud o gwmpas y cloc. Pan mae'r bys mawr wedi cyrraedd 3 mae wedi teithio chwarter y ffordd o gwmpas y cloc. Felly mae hi'n 'chwarter wedi'r' awr.

The long hand moves all round the clock and when it reaches the 3 it has travelled a quarter of the way round. This means that it is 'quarter past' an hour.

Yr amser ar y cloc ydy chwarter wedi 8.

The time on this clock is quarter past 8.

Mae hi'n chwarter wedi pan mae'r bys mawr yn pwyntio at rif 3 a'r bys bach chwarter y ffordd rhwng dau rif.

It is quarter past when the long hand is pointing to 3 and the short hand is quarter of the way past another number.

Yma, mae'r bys bach chwarter ffordd heibio rhif 8.

Here the short hand is quarter of the way past the number 8.

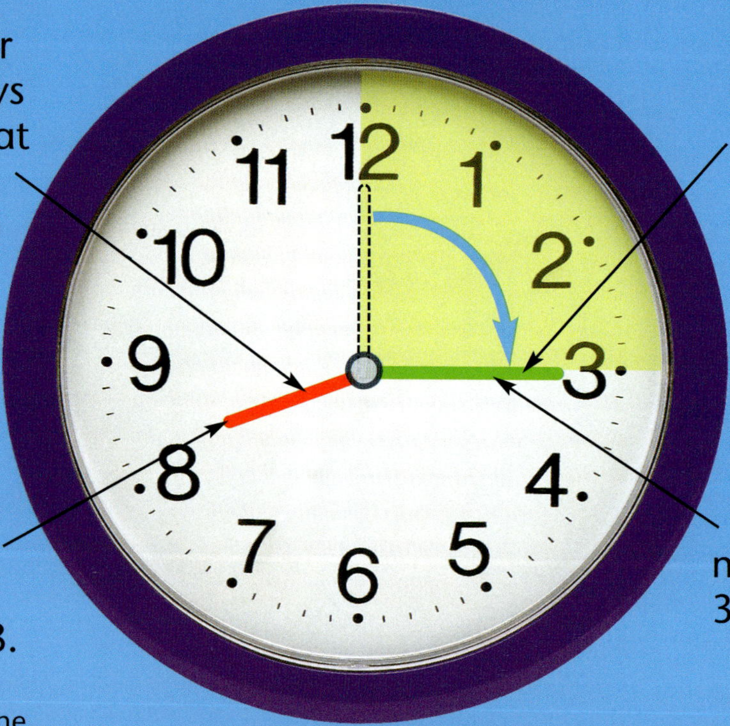

Mae'r ddau fys yn symud o gwmpas y cloc y ffordd yma. Mae'r bysedd yn symud 'gyda'r cloc' sef symudiad 'clocwedd'.

Both hands always move this way round the clock. This is called 'clockwise'.

Pan mae'r bys mawr yn pwyntio at 3 mae hi'n chwarter wedi'r awr.

When the long hand is pointing to 3 it is quarter past an hour.

Rhowch yr amser o dan y clociau yma.

Now you can write the time underneath these clocks.

chwarter wedi .....
(quarter past)

chwarter wedi .....
(quarter past)

chwarter wedi .....
(quarter past)

1
2
3
4
5
6

7
9
8
10
11
12
1 2 3 4 5 6 7 8 9 10 11 12
1 2 3 4 5 6 7 8 9 10 11 12

Faint o'r gloch ydy hi?

What time is it?

Ewch ati i chwilio am y sticeri cywir i'r clociau yma.
Ysgrifennwch yr amser o dan bob cloc.

Can you find all the missing stickers for these clocks? Now you can write the time underneath each clock.

chwarter wedi .....
(quarter past)

chwarter wedi .....
(quarter past)

chwarter wedi .....
(quarter past)

chwarter wedi .....
(quarter past)

chwarter wedi .....
(quarter past)

chwarter wedi .....
(quarter past)

chwarter wedi .....
(quarter past)

chwarter wedi .....
(quarter past)

Rhowch y bysedd ar y clociau yma i ddangos yr amser cywir.

Draw the hands on the clocks below to tell us the time.

chwarter wedi 9
quarter past 9

chwarter wedi 6
quarter past 6

chwarter wedi 11
quarter past 11

chwarter wedi 3
quarter past 3

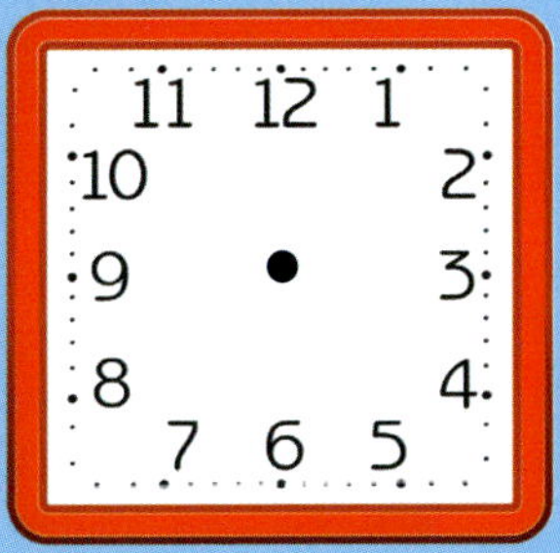

Ar ôl gorffen rhowch seren aur yma!

When you've finished give yourself a gold star!

Mae hi'n chwarter i .. !

It's quarter to!

Pan mae'r bys mawr yn cyrraedd 9 mae wedi teithio tri chwarter y ffordd o gwmpas y cloc. Pan mae'r bys mawr yn pwyntio at 9 mae hi'n 'chwarter i' yr awr.

When the long hand reaches the 9 it has travelled three quarters of the way round the clock. When the long hand is pointing to the 9 it is 'quarter to' an hour.

Yr amser ar y cloc ydy chwarter i 4.

The time on this clock is quarter to 4.

Mae hi'n 'chwarter i' yr awr pan mae'r bys mawr yn pwyntio at 9 a'r bys bach tri chwarter y ffordd ar ôl rhif arall.

It is quarter to the hour when the long hand is pointing to 9 and the short hand is three-quarters of the way past another number.

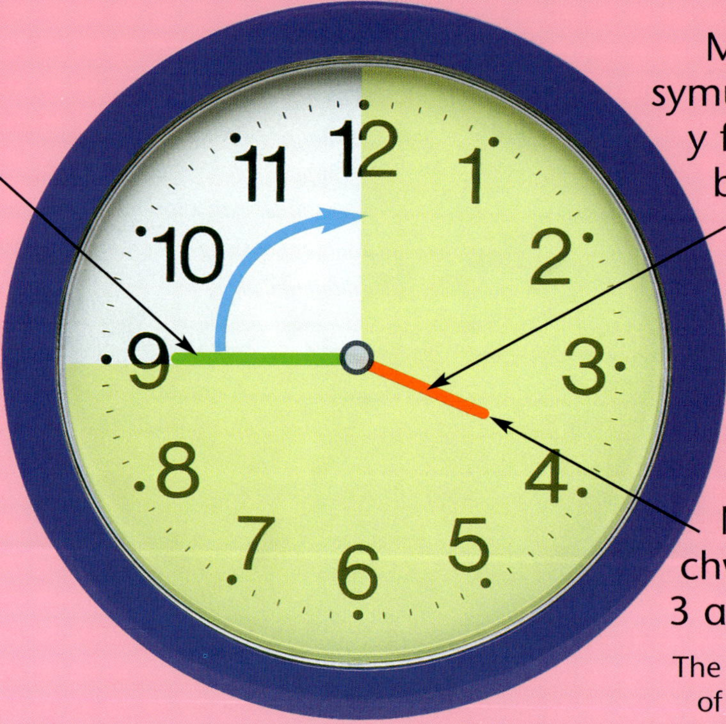

Mae'r ddau fys yn symud o gwmpas y cloc y ffordd yma. Mae'r bysedd yn symud 'gyda'r cloc' sef symudiad 'clocwedd'.

Both hands always move this way round the clock. This is called 'clockwise'.

Mae'r bys bach tri chwarter y ffordd wedi 3 a bron â chyrraedd 4.

The short hand is three-quarters of the way past 3 and it has almost reached the 4.

Ysgrifennwch yr amser dan y clociau yma.

Now you can write the time underneath these clocks.

chwarter i .....
(quarter to)

chwarter i .....
(quarter to)

chwarter i .....
(quarter to)

Faint o'r gloch ydy hi?

What time is it?

Ewch ati i chwilio am y sticeri cywir i'r clociau yma.
Ysgrifennwch yr amser o dan bob cloc.

Can you find all the missing stickers for these clocks? Now you can write the time underneath each clock.

chwarter i .....
(quarter to)

chwarter i .....
(quarter to)

chwarter i .....
(quarter to)

chwarter i .....
(quarter to)

chwarter i .....
(quarter to)

chwarter i .....
(quarter to)

chwarter i .....
(quarter to)

chwarter i .....
(quarter to)

Rhowch fysedd ar y clociau yma i ddangos yr amser cywir.

Draw the hands on the clocks below to tell us the time.

chwarter i 1
quarter to 1

chwarter i 3
quarter to 3

chwarter i 11
quarter to 11

chwarter i 7
quarter to 7

Ar ôl gorffen rhowch seren aur yma!

When you've finished give yourself a gold star!

Amser o'r dydd

Times of the day

Ewch ati i chwilio am ddau sticer i'r clociau sydd ar goll?

Pa un o'r plant sy'n cael brecwast am 8 o'r gloch?

Can you find the two missing stickers for the clocks? Which of these children has breakfast at 8 o'clock?

Mae Lili yn codi am chwarter wedi 7 y bore.

Lili gets up at quarter past 7 in the morning.

Rhowch fysedd ar y cloc yma i ddangos faint o'r gloch rydych chi'n codi yn y bore.

Now draw the hands on this clock to tell us what time you get up.

Dw i'n codi am

I get up at

_ _ _ _ _ _ _ _ _

Mae Tomos yn cael brecwast am 8 o'r gloch y bore.

Tomos has breakfast at 8 o'clock in the morning.

Rhowch fysedd ar y cloc yma i ddangos faint o'r gloch rydych chi'n cael brecwast.

Now draw the hands on this clock to tell us what time you have breakfast.

Dw i'n cael brecwast am

I have breakfast at

_ _ _ _ _ _ _ _ _ _

Mae Tia yn mynd i'r ysgol am 9 o'r gloch y bore.

Tia goes to school at 9 o'clock in the morning.

Rhowch fysedd ar y cloc yma i ddangos faint o'r gloch rydych chi'n mynd i'r ysgol.

Now draw the hands on this clock to tell us what time you go to school.

Dw i'n mynd i'r ysgol am

I go to school at

_ _ _ _ _ _ _ _ _ _

Pa un o'r plant sy'n cael cinio am 12 o'r gloch?
Pa amser mae Lili yn mynd i'r gwely?

Which of these children has lunch at 12 o'clock? What time does Lily usually go to bed?

Mae Iolo yn cael cinio am 12 o'r gloch.

Iolo has lunch at 12 o'clock midday.

Rhowch fysedd ar y cloc yma i ddangos faint o'r gloch rydych chi'n cael cinio.

Now draw the hands on this clock to tell us what time you have lunch.

Dw i'n cael cinio am

I have lunch at

_ _ _ _ _ _ _ _ _ _

Mae Efa yn cael te am chwarter wedi 5 yn y prynhawn.

Efa has tea at quarter past 5 in the afternoon.

Rhowch fysedd ar y cloc yma i ddangos faint o'r gloch rydych chi'n cael te.

Now draw the hands on this clock to tell us what time you have tea.

Dw i'n cael te am

I have tea at

_ _ _ _ _ _ _ _ _ _

Mae Lili yn mynd i'r gwely am 7 o'r gloch y nos.

Lili goes to bed at 7 o'clock at night.

Rhowch fysedd ar y cloc yma i ddangos faint o'r gloch rydych chi'n mynd i'r gwely.

Now draw the hands on this clock to tell us what time you go to bed.

Dw i'n mynd i'r gwely am

I go to bed at

_ _ _ _ _ _ _ _ _ _

Ar ôl gorffen rhowch seren aur yma!

When you've finished give yourself a gold star!

Amser digidol

Digital time

Rhifau sydd ar glociau digidol i ddweud yr amser.
Ewch ati i chwilio am sticeri i'r clociau yma.

Digital clocks only have numbers to tell the time. Can you find the missing stickers for the clocks below?

12 o'r gloch (o'clock)

1 o'r gloch (o'clock)

Yr amser ar y cloc digidol yma ydy 9 o'r gloch y bore. Mae clociau digidol fel arfer ar gyfrifiadur, teledu neu radio.

The time on this digital clock is 9 o'clock in the morning. Computers, televisions and radios often have digital clocks.

Allwch chi ysgrifennu'r amser digidol i'r clociau yma?

Can you write in the digital times for the clocks below?

9 o'r gloch (o'clock)

6 o'r gloch (o'clock)

11 o'r gloch (o'clock)

3 o'r gloch (o'clock)

Rhowch fysedd ar y clociau i ddweud yr amser.

Draw the hands on the clocks below to tell us the time.

5 o'r gloch (o'clock)

7 o'r gloch (o'clock)

10 o'r gloch (o'clock)

8 o'r gloch (o'clock)

Ar ôl gorffen rhowch seren aur yma!

When you've finished give yourself a gold star!